◌◌◌ 프롤로그 ◌◌◌

2023년 7월 27일 새벽 '콜롬비아(Colombia)' '보고타(Bogotá)' '엘도라도(El Dorado) 국제공항'에 난생처음으로 라틴 아메리카에 첫발을 내딛게 되었다. 스페인어도 말할 줄 모르고 더더욱 라틴 아메리카에 대해서는 그저 안데스산맥과 아마존을 가진 대륙으로 만성적으로 인플레이션과 정치적 혼란 등 단편적인 지식밖에 없었다.

적지 않은 나이에 또 다른 도전을 위한 발걸음이었다. 연초부터 준비하여 지원했던 정보통신산업진흥원(nipa) 시니어 자문단원으로 위촉되어 콜롬비아 '칼다스(Caldas)주' '마니살레스(Manizales)' 시청에 자문관으로 파견되었다. 이 글은 1년간 콜롬비아에서 생활하면서 쓰게 된 몇 편의 기행문 시리즈 중 하나이다.

마니살레스(Manizales)는 콜롬비아 칼다스주의 주도이며 페레이라(Pereira), 아르메니아(Armenia) 등과 함께 콜롬비아 후안 발데스 커피의 본고장인 커피축의 중심도시를 이루고 있다. 특히 커피축은 활화산 네바다 델 루이스를 중심으로 온천이 발달해 있고 빼어난 자연경관과 왁스 팜트리 등과 같은 특이한 식물 그리고 고산지역에서는 콘도르 볼 수 있는 기회도 있다.

　특히 살렌토와 필란디아의 채색건물의 색채예술은 이 지역이 유럽인들이 콜롬비아에서 가장 방문하고 싶은 관광지로 선정된 곳으로 유명하다. 주말을 이용해서 적은 비용으로 여행할 수 있어 더할 나위 없었다. 콜롬비아에 대한 선입관으로 도착한지 얼마간은 극도로 조심하며 생활했으나 콜롬비아 사람들의 오지랖 넓을 정도의 친절과 살사 댄스의 흥에 익숙해지면서 혼자 여행을 떠나게 되었다. 보고타, 메데진, 칼리, 카르타헤나, 부카라망가 그리고 산타마르타 등지의 여행문도 적절한 기회에 소개될 예정이다. 그리고 마지막 열흘간의 페루여행은 인생에 있어 과분한 경험이었다.

2023년 12월 31일
김종태

◯◯◯ 차례 ◯◯◯

1. 콜롬비아의 보물 '커피 축(Eje Cafetero)' 6

2. 콜롬비아 커피 축 기후와 지형 특성 10

3. 테르말레스 산타 로사 데 카발(Termales Santa Rosa de Cabal)...12

4. 살렌토(Salento) 27

5. 바제 데 코코라(Valle de Cocora) 36

6. 필란디아(Filandia) 44

7. Eje Cafetero(커피 축) 핵심지역 여행을 마치며 51

①

'에헤 카페테로(Eje Cafetero)'
커피 축(지대)

　　커피 축(Eje Cafetero), 커피 존(Zona Cafetero), 또는 커피 삼각지대(Coffee Triangle) 등으로 불리고 최근에는 커피 루트(Ruta del Café) 등으로 홍보되는 콜롬비아의 대표적인 관광지 중 하나로 고소한 커피의 향취는 물론 안데스 산맥과 열대 고산 기후가 자아낸 아름다운 지형적 특성으로 외국인 관광객들이 가장 많이 찾는 곳으로 알려져 있다. 이 지역은 지리적으로 콜롬비아 중서부 지역에 위치하고 있으며 콜롬비아를 지나는 안데스 산맥의 3갈래 중 중앙부와 서부 안데스 산맥의 사이에 위치하고 있다.

　　칼다스(Caldas) 주, 리사랄다(Risarald) 주, 킨디오(Quindio) 주, 톨리마(Tolima) 주 북서부 지역, 안티오키아(Antioquia) 주 남서부지역, 그리고 바제 델 카우카(Valle del Cauca) 주 북동부 지역에 포함한 해발 1000미터에서 5000미터 내외의 지역으로 '카우카 강(Rio Cauca)' 유역과 그 지류들을 포함하고 있다. 콜롬비아 지형도상 안데스 산맥이 3갈래로 분리되고 지형구분도를 보면 안데스(Andes)로 표현되어 있다.

콜롬비아 지형도 [1]

콜롬비아 지역(형) 구분도(중앙의 안데스 지역) [1]

1) 콜롬비아는 크게 지역(형) 구분을 5개 지역으로 분류하고 있다. 북부의 카리브(Caribe), 서쪽 태평양 연안의 파시피코 (Pacifico) 중앙의 안데스(Andes), 그리고 남동부의 아마조니아(Amazonia), 그리고 동쪽 베네수엘라 경계지역인 오리노키아(Orinoquia) 등으로 구분하고 그 외 도서 지역으로 구분하고 있다.

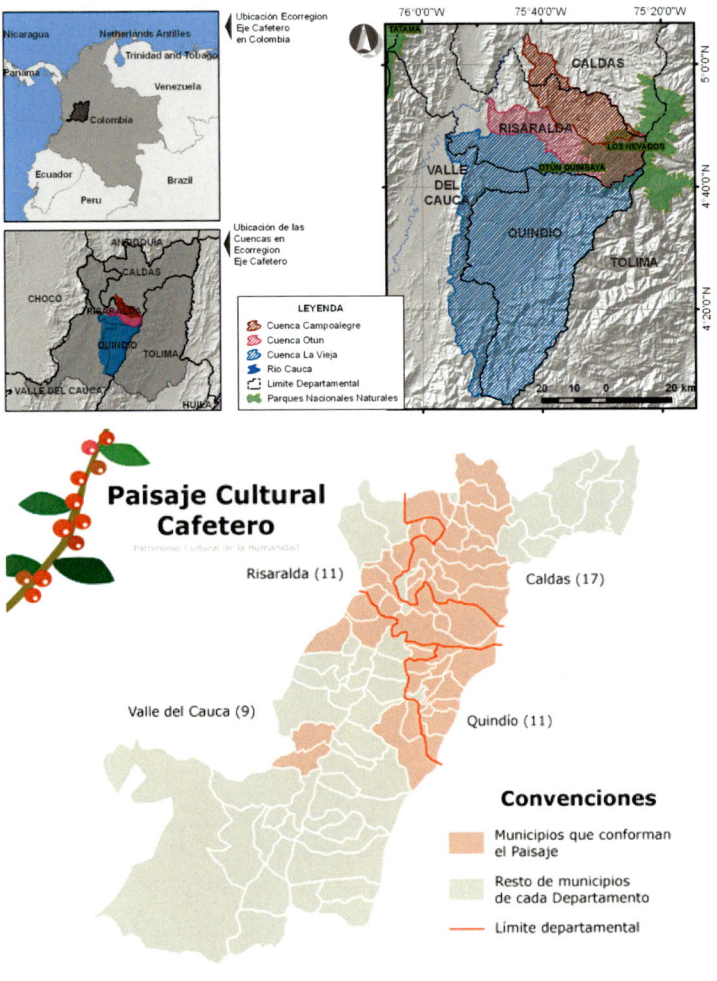

커피 축(Eje Cafetero) 구체적 위치와 유네스코 커피문화경관 지정지역

특히 커피 축은 칼다스(Caldas)의 마니살레스(Manizales), 리사랄다(Risaralda)의 페레이라(Pereira), 킨디오(Quidio)의 아

르메니아(Armenia), 그리고 톨리마(Tolima)의 이바게(Ibague) 등 4개 주의 주도를 포함하고 있어 경제적으로도 콜롬비아 내에서 그 중요성이 매우 크다. 또한 커피지역은 2011년 유네스코에서 이 지역의 커피 문화경관 (El Paisaje Cultural Cafetero de Colombia (PCC))을 세계문화유산으로 지정했다.

이미지 출처

7쪽 위
https://upload.wikimedia.org/wikipedia/commons/9/99/Mapa_de Colombia_ %28topograf%C3%ADa%29.svg
7쪽 아래
https://es.wikipedia.org/wiki/Regiones_naturales_de_Colombia#/media/Archivo:Mapa_de_Colombia_(regiones_naturales).svg
8쪽 위
https://en.wikipedia.org/wiki/Colombian_coffee_growing_axis#/media/File:Localizacion.png
8쪽 아래
https://es.wikipedia.org/wiki/Paisaje_Cultural_Cafetero#/media/Archivo:Paisaje-Cafetero-Colombiano.png

② 콜롬비아 지형 특성, 기후 특성

'커피 축(Eje Cafetero)' 지역이 위도상으로 북위 4도에서 5도 사이에 위치한 열대지역이나 안데스 산맥내에 위치하고 있어 해발고도가 최소 1,000미터에서 최고 5,000미터가 넘는 기후 조건(눈 덮인 산의 경우 −8°C, 저지대인 리사랄다와 같은 계곡의 경우 29°C)과 지질 조건은 비교적 짧은 수확 기간으로 고품질 커피의 생산에 유리한 특성을 가지고 있다. 콜롬비아 커피는 대부분 아라비카 종으로 커피 축 뿐만 아니라, 북부지역 남부지역 등 안데스 산지 다양한 지역에서 1년 내내 커피가 생산된다. 콜롬비아 커피의 대표적인 브랜드로 '후안 발데스(Juan Valdes)'가 있으며 지역민들 사이에는 퀸디오(Quindio), 등의 브랜드가 고급 커피로 알려져 있다. 콜롬비아 커피는 손으로 수확되며 가공방식이 습식가공법이 특징이며 세계 커피시장에서 품질면에서 고급 커피로 알려져 있다.

커피 축은 커피생산 뿐만 아니라 도시의 역사, 지역 경관의 아름다움으로 다양한 관광 자원을 보유하고 있다. 대표적인 관광지가 마니살레스(Manizales)와 '네바도 델 루이스(Nevado del Ruiz)' 활화산, 페레이라의 '테르말레스 산타 로사 데 카발(Termales Santa Rosa de Cabal)' 폭포와 온천, 퀸디오 주의 '살렌토(Salento)'와 '바제 델 코코라(Valle Del Cocora)' '필란디아(Finlandia)', 그리고 부에나비스타(Buenavista)[2] 등이 대표적이다. 여기서는 산타로사 데 카발, 살렌토, 바제 데 코로라 그리고 필란디아의 여행을 소개하고, 부에나비스타와 마니살레스와 네바도 델 루이스는 따로 소개하도록 한다.

---

2) 부에나비스타(Buenavista) 말 그대로 '전망 좋은' 곳이다. 비교적 최근에 세워진 도시로 커피 농장 투어와 패러글라이딩 등 아웃도어 액티브티(Outdoor Activity) 하기에 좋은 곳이다.

'테르말레스 산타 로사 데 카발'

(Termales Santa Rosa de Cabal)

커피 축에 속하는 대표적인 경관이 '테르말레스 산타 로사 데 카발(Termales Santa Rosa de Cabal)' 이다. 말 그대로 산타 로사 데 카발에 있는 온천을 말한다. 이곳은 마니살레스에서 그렇게 멀지 않은 곳에 위치하고 있어 마니살레스에서 당일치기로 여행을 가도 되는 곳이다. 처음에는 산타로사 데 카발, 살렌토, 핀란디아를 한꺼번에 여행하는 계획을 세웠으나 그러려면 주말만을 이용해서 여행할 수가 없어 따로 휴가를 내야 한다. 그러나 나누어서 가면 교통비는 조금 더 들겠지만 굳이 휴가를 낼 필요도 없을 것 같아 커피 축 주요 여행지 중 마니살레스에서 가장 가까운 '테르말레스 산타 로사 데 카발'을 가장 먼저 가기로 했다.

'산타 로사 데 카발(Santa rosa de Cabal)'은 마니살레스에서 페레이라 가는 도중에 있고 마니살레스에서는 대략 43km떨어져 있어 한시간 정도 버스 거리이다. 물론 산타 로사 데 카발에서 테르말레스까지는 약 10km로 택시나, 지프를 타고 가야 한다. 칼다스 주의 친치나(Chinchina)와 리사랄다 주 산타 로사 데 카발이 주 경계를 맞대고 있다. 커피 축은 대부분 지역은 네바다 델 루이스 활화산의 영향으로 온천지대가 발달되어 있고 그와 함께 주변 경관 또한 아름답다.

미리 인터넷으로 '테르말레스 산타 로사 데 카발' 입장권을 100,000페소(한화로 약 33,000원) 패키지를 예약했다. 이 패키지는 온천과 폭포 입장권, 얼굴 황토 팩 마사지, 점심 그리고 오후에 티까지 포함한 가격이다. 그런데 문제는 교통편이다. 대부분 인터넷 예매에서는 페레이라까지 가는 버스를 탔다가 다시 산타 로사 데 카발까지 되돌아와서 택시나 지프를 타고 테르말레스까지 가야 한다고 안내하고 있다. 그런데 아무리 생각해 봐도 산타 로사 데 카발이 페레이라 가는 길목에 위치하고 있으니 분명히 다른 방법이 있을 거라고 생각해서 아침 일찍 마니살레스 교통터미널로 갔다. 마니살레스에서 대부분의 여행은 여기서 시작한다. 장거리 여행이던 단거리 여행이던 모든 출발 점은 이곳에서 시작된다. 아니나 다를까 페레이라 행 버스 중에 친치나(Chinchina)[3]와 산타로사 데 카발을 둘러서 가는 완행 버스가 있다.

3) 친치나(Chinchina)는 칼다스 중의 소도시로 커피 농장들이 많이 있고 경관도 빼어나 커피 체험으로 유명한 곳이다.

역시 상식이 콜롬비아에도 통하는구나 하는 생각이 들었다. 버스 요금은 12,000페소(3,700원 정도)로 매우 저렴하다. 보통 마니살레스에서 출근할 때 택시 요금 정도 수준이다. 문제는 산타 로사 데 카발에서 테르말레스까지 가는 교통수단이 마땅치 않다는 것이다. 그래서 버스에서 내려 주변에 있는 가게에서 케이크 한 조각과 커피 한잔을 한 후 가게 주인에게 도움을 청해 26,000페소를 주고 택시를 불러서 테르말레스까지 갈 수 있었다. 여기서도 콜롬비아 사람들의 친절을 몸소 체험할 수 있었다. 버스에서 같이 내린 젊은 여자분이 아무래도 내가 안심이 안 놓이는지 치안이 좋지 않다면서 사람들이 붐비는 가게에 데리고 가서 택시를 불러 주기까지 한다. 지금까지 콜롬비아에서 외국인들에 대한 태도는 내가 느낀 바로는 친절 그 자체였다. 그러나 가끔 외국인들이 강도를 당하거나 폭행을 당한다는 이야기들이 들리기도 한다. 택시는 30여분 산길을 달려 테르말레스 입구에 도달한다.

테르말레스 패키지 입장권

친치나 입구에 있는 이정표

친치나 시내에 대기중인 지프

친치나 버스 정류소

테르말레스 입구에서 예약증을 보여주니 소지품 검사 후 입장 밴드를 손목에 채워준다. 콜롬비아에서 공공장소에 입장할 때 항상 소지품 검사를 한다. 총기소지가 허가되는 나라여서 그런지 생각보다 보안 검사가 철저하다.

출입구 보안 검색

테르말레스 안내판

출입문에 들어서니 오르막길이 펼쳐져 있다. 경내 안내도도 비치되어 있고 아마도 온천까지는 제법 시간이 걸리나 보다. 최소한 5분 아니면 10분정도 걸어가야 하나 보다. 중간중간 쉬어 가는 그

늘집도 만들어져 있고 아기자기한 분재들과 카톨릭 관련 상징물들이 장식되어 있다. 귀퉁이를 돌자 물소리가 제법 크게 들린다. 물소리와 함께 폭포수가 흘러내리는 절경이 바로 눈앞에 펼쳐진다. 장관이다.

 폭포의 이름이 산타 엘레나(Cascada Santa Helena)이다. 처음에 생각할 때 폭포가 온천과는 떨어져 꽤 멀리 있는 줄 알았는데 바로 눈에 보이는 곳에 위치하고 있다. 저 폭포수도 온천 물일까 하는 생각이 문득 든다.

탈의장으로 가는 길에 입간판으로 온천물의 특질에 대해 영어로 설명해 놓았다. 콜롬비아 관광지에서는 영어설명이 별로 없는데 커피 축에는 많은 외국 관광객들이 방문하기 때문에 그들을 위한 배려로 보인다. 간단하게 요약하면 여기 온천의 특질은 텔루릭-알칼라인 타입으로 지하층에서 솟아오르고 온도는 60도 정도로 다양한 미네랄을 함유하고 있고 음이온이 몸을 이완시켜주고 세포에 산소를 증가시켜 준다고 한다. 직접 마실 수 있으며 무색무취의 물로 전혀 인체에 해롭지 않다고 한다. 유황 함유량도 높지 않으며 온천탕의 물은 40도 정도로 유지된다고 한다. 4개의 야외 온천탕과 실내 스파(SPA)와 마사지실 그리고 호텔이 운영된다.

우선 탈의를 하고 가방은 온천풀(pool) 근처 의자에다 두고 가장 큰 온천풀에 몸을 담갔다. 날씨는 해가 쨍쨍 내리 쬐는 가운데 온천욕 경험은 처음이다. 마니살레스에도 몇 개의 온천이 있다. '테르말레스 데 오토뇨(Termales de Otono)'에 갔을 때에는 비가 부슬부슬 왔어 제법 온천욕하는 느낌이 났었다. 그런데 해가 반짝이는 가운데 노천 온천은 마치 한여름에 야외 물놀이장 온 기분으로 온천욕을 즐겼다. 주로 연인이나 가족단위로 온 여행객들이 대부분으로 나처럼 혼자 온 사람은 없는 것 같다.

100미터도 채 안 되는 거리에 바로 육안으로 보이고 폭포의 물소리가 들리는 '산타 엘레나 폭포(Cascada Santa Helena)[4]'

---

4) 스페인으로 폭포를 카스카다(Cascada)라고 한다.

까지 맨발로 걸어갔다. 점점 가까이 갈수록 물소리는 커진다. 온천은 남녀노소 누구에게나 안정감을 주는 것 같다. 폭포 근처까지 가서 사진 몇 장을 찍었다. 노모를 모시고 온 할머니 할아버지 부부도 있고, 그 노모의 행복해 하는 모습이 인상적이다. 온천과 폭포가 지근거리에 있어 입장할 때부터 궁금했던 폭포수가 과연 온천 물일까 하는 궁금증에 폭포수 아래까지 가서 폭포수를 몸으로 맞아봤다. 역시 그러면 그렇지 온천 물일리가 없다. 물은 매우 차갑고 정말 깨끗하다. 폭포수도 체험하고 다시 온천욕장으로 되돌아왔다. 제법 놀았는지 허기가 졌다. 점심을 먹기위해 식당으로 갔다. 제법 많은 사람들이 줄을 서 있다.

점심으로 패키지에 포함된 음식 중에서 타말(Tamal)이란 것을 선택했다. 이름은 들어봤지만 아직까지 먹어보지 못한 음식이다. 밥과 고기, 아레빠 그리고 채소를 바나나 잎에 싸서 찐 음식이다. 내가 음식을 해체하는데 애를 먹고 있으니 옆에 있는 아주머니 한 분이 영어로 말을 걸면서 자세하게 음식과 먹는 방법에 대해 설명해준다. 나이가 꽤 들어 보이는데 영어를 매우 잘한다. 칼리에서 남편이랑 휴가 차 커피 축에 여행 왔고 몇일 있다가 칼리로 돌아간다고 한다. 이렇게 사귄 인연이 내가 칼리축제기간에 신세를 지게 되는 계기가 되었다. 그 부부의 이름은 오스카(남편)- 자네트(아내) 이다. 식사 후에는 온천 풀 근처에서 이들 부부와 함께 나와 한국, 그리고 가족에 대한 이야기를 하면서 시간을 보냈다.

오후가 되니 사람들이 많아졌다. 온천욕장에 사람들로 가득 찬다. 가족단위로 온 여행객들이 나의 이국적인 외모가 궁금했던지 사진을 찍자고 한다. 딸 둘을 가진 젊은 부부들과 사진을 찍었다. 매우 즐거워한다. 다른 풀에도 사람들이 붐빈다. 그럭저럭 오후 4시 가까이 오면서 마니살레스로 돌아갈 채비를 하였다. 샤워 후 옷을 갈아입고 온천을 떠날 준비를 했다. 그런데 돌아서서 카스카다 산타 엘레나를 보니 역시 아름답다.

마니살레스로 되돌아 가는 길을 걱정하고 있는데 오스카-자네트 부부가 도와주겠다고 한다. 산타 로사 데 카발까지 그들의 차로 데려주겠다고 한다. 그들의 호텔은 페레이라에 있는데 나를 위해 수고를 기꺼이 하겠다고 한다. 그들은 내가 마니살레스 행 버스를 탈 수 있도록 친절하게 버스가 다니는 길목에 데려다 주고 버스가 올 때까지 30분이나 기다려 주었다. 다시 한번 여기서 콜롬비아인의 친절을 체감한다.

 '에헤 카페테로(Eje Cafetero)'로 첫 번째 여행지를 이렇게 마무리한다. 40분 남짓 버스를 타고 오니 마니살레스에 도착한다. 이번 여행에서 정말 아름다운 인연을 만났다. 많은 사람들이 콜롬비아에서 사람 만나는 것을 조심하라고 하는데 나에게는 예외인가? 항상 가는 곳마다 사람들이 친절을 베푼다. 어쨌든 감사할 일

이다. 여기서 오스카-자네트 부부와의 만남이 칼리여행을 결심하게 된 계기가 된다.

산타 로사 데 카발 성당

산타 로사 데 카발 광장

 2023년 12월 9일 하루 동안 커피축의 중심 여행지의 하나인 테르말레스 산타로사 데 카발을 인상깊게 여행했다. 다음 주말은 살렌토(Salento), 코코라 계곡(Valle de Cocora), 그리고 필란디아(Finlandia)를 여행할 계획이다.

4

커피 축의 핵심 지역
'살렌토(Salento)'

12월 13일. 지난 주에 이어 이번 주는 2박 3일 일정으로 '커피 축(Eje Cafetero) 경관의 핵심이라고 하는 '살렌토(Salento)'와 인근의 '코코라 계곡(Valle de Cocora) 그리고 필란디아(Finlandia)를 여행할 계획으로 아침 일찍 집을 나와 마니살레스 교통터미널로 향했다. 이번에는 사전에 따로 버스를 예약하지 않았다. 왜냐하면 1차 목적지가 페레이라(Pereira)[5]이므로 버스가 매우 자주 있으며 운행하는 회사도 매우 많다. 7시에 도착했다. 창구로 가서 버스 표를 17,000페소를 주고 7시 30분에 출발해서 페레이라에 8시 40분에 도착하는 버스를 예매했다. 여전히 마니살레스 교통터미널은 사람들로 붐빈다. 버스는 페레이라 인근까지는 꽤 높은 지대에서 달리다가 페레이라에 입성하기 위해 한

---

[5] 페레이라(Pereira)는 리사랄다 주의 주도이며 커피축의 주요 도시 중 하나이다. 평균 해발고도는 1,410m내외여서 마니살레스에 비해 상대적으로 기온이 더 높다.

참을 내려가야 한다. 아침 출근시간이라 그런지 시내 교통이 제법 막힌다. 그래도 정시에 버스가 도착했다. 버스에서 내려 살렌토 가는 버스를 타기 위해 다시 버스 티켓을 사야 한다. 살렌토까지 버스 비용은 10,500페소이다. 그렇게 먼 거리는 아니지만 시간은 40분 정도 걸린다. 버스 출발은 9시 40분이라 어느 정도 시간적 여유가 있다.

페라이라행 버스

페레이라 버스 터미널 입구

페레이라 시내를 지나 고속도로를 잠깐 타다가 살렌토 방향으로 우회전하니 열대우림 속으로 버스가 진입한다. 좁은 산길과 낭떠러지가 또 하나의 볼거리다. 금방 살렌토(Salento)에 도착했다. 사실 살렌토는 리사랄다(Risaralda) 주에 속해 있는 도시가 아니고 퀸디오(Quindio) 주에 속해 있다. 그러나 대부분의 여행이 페레이라를 통해 이루어지고 있다. 어떻게 보면 페레이라가 커피 축의 교통 중심지라고 할 수도 있겠다. 살렌토 버스터미널은 정말 소박한 시골마을 정류장이다. 다행히 예약한 호텔은 버스터미널 바로 앞이라 고생하지 않고 쉽게 찾았다. 호텔비가 2박에 297,000페소이다. 비교적 저렴한 편이다. 체크인은 오후 3시 이후라 짐만 호텔에다 두고 호텔 종업원의 안내에 따라 시내로 나가 점심식사를 했다. 살렌토 시내는 정말 말로 표현하기 힘들 정도로 아름답다.

이런 건 직접 와서 보는 것이 최고이다. 대부분의 '파이사(Paisa) 지역[6]'의 도시와 마찬가지로 교회, 행정관청, 그리고 상업시설들이 사각형안에 모여 있고 중앙에는 볼리바르 광장(Plaza de Bolivar Salento)이 있다. 살렌토의 특징은 '카제 레알(Calle Real)'이라는 상업 거리가 예쁘게 꾸며져 있다는 것이다.

---

6) 통상 콜롬비아에서 안데스산맥 중간 산간에 위치한 안티오키아 주, 칼다스 주, 리사랄다 주, 퀸디오 주, 톨리마 주 북서부, 그리고 바제 데 카우카 주 북 동부지역 즉, 에제 카페테로 지역과 일치하는 지역을 말하고 그 지방의 사람, 풍습 등을 통칭하여 부를 때 사용하는 명칭이다.

　볼리바르 광장 주위에서 채색 건물들을 구경하고 있는데 한무리의 학생들이 다가와 영어로 말을 건다. 메타(Meta) 주에서 학기를 마치고 수학여행온 학생들이다. 천진난만하고 동양인을 처음 보는지 이것저것 물어본다. 용기가 가상하다. 또 다른 무리의 학생들과도 기념촬영을 하고 카제 레알 거리를 접어들었다. 다양한 원색의 색감으로 도색한 가게들이 도로 양편으로 늘어서 있다. 커피숍, 식당, 옷가게, 기념품점, 전자제품가게 너나 할 것 없이 모두가 형형색색으로 채색되어 있다. 볼리바르 광장에 인접한 주차장에는 이곳의 주 교통수단인 지프(Jeep) 여러 대가 주차해 있다. 코코라 계곡이나 필란디아를 갈 때 이 지프를 이용한다. 좀 멋있어 보인다.

　　'카제 레알(Calle Real)을 끝까지 가게 되면 계단이 나온다. 여기가 '미라도르 알토 데 라 크루스(Mirador Alto de la cruz)' 입구이다. 살렌토에서 가장 높은 위치이고 시내 전체가 한 눈에 내려다 보이고 십자가가 있는 곳이다. 크리스마스가 얼마 남지 않아 계단을 올라가는 길에 조명장식들이 화려하다. 계단이 매우 가파르고 거의 계단이 200개 이상이다. 중간에 음료수나 사탕 같은 곳을 파는 작은 상점들도 몇개 있다. 정상에 오르니 제법 넓은 공간이 있고 십자가와 몇 개의 통신 탑들이 있다. 정상에서 한 숨 돌리고 물 한 모금 마시고 나서 한 눈에 들어오는 살렌토 시내 전경을 감상하고 있는데 관광객 한 분이 사진 찍자고 한다. 이놈의 인기! (?), 콜롬비아 사람들은 외국인을 보면 기념 촬영

을 하고 싶은가 보다. 하기야 동양인을 볼 수 있는 기회가 별로 없으니 신기할 수도 있으리라! 정상에서 내려와 점심식사하기 위해 유명한 맛집인 '꼬미노 레알 파리자 바(Comino Real Parrilla Bar)'에 들어갔다. 외관에 비해 레스토랑 내부는 꽤 넓고 디자인이 독특해 보인다. 파스타와 레모나다를 시켰다. 음식 가격은 꽤 비싸. 100,000 페소로 보통 레스토랑의 2~3배 정도 하는 것 같다. 음식은 맛있고 사람들도 붐빈다. 호텔로 돌아오는 길에 채색의 아름다움에 취해 몇 장의 사진들을 더 찍었다. 누가 이도시를 디자인했는지 몰라도 천부적인 색채-컨텐츠 감각을 지니고 있는 것은 틀림없다. 이래서 컨텐츠는 중요하고 가치가 있는 것이다. 호텔로 돌아와 체크인 했다. 호텔은 살렌토 버스터미널 바로 앞에 있는 '엘 소살(El Zozal)이라는 곳인데 객실이 독립되어 있어 프라이버시가 지켜지는 곳이다.

미라도르 알토 데 라 크루스(Mirador Alto de la Cruz)

호텔로 돌아와서 체크인을 하고 간단한 설명과 대문과 호텔 룸 출입 키를 받아 들고 객실에 와서 샤워를 하고 잠을 청했다. 얼마나 잤을까 호텔 창문으로 불빛이 비치는 걸 보면 저녁이 된 모양이다. 제법 배가 고프다. 다시 호텔을 나섰다. 호텔을 나서자 단체관광 버스가 열대 이상이 버스터미널 근처에 주차해 있다. 살렌토의 밤 풍경은 어떨까? 형형색색의 채색 건물이 제한적인 빛과 어울리면 어떨지 자못 기대된다. 10분 정도 걸어서 시내까지 나왔다. 볼리바르 광장과 카제 레알은 여전히 관광객들로 붐빈다. 저녁식사를 위해 카제 레알에 위치한 '라 그란 두루차(La Gran Trucha)'라는 식당을 골라 들어갔다. 두루차는 보통 송어를 말하는데 생선요리를 전문으로 하는 식당인 듯하다. 식당 이름대로 두루차 튀김요리를 주문했다. 사람들은 그리 많지는 않지만 제법 깨끗한 식당이다. 맥주 한 병과 송어튀김 요리 50,000페소가 나왔다. 가성비도 좋다. 낮에는 살렌토 성당(교회) 이름을 정확히 몰랐는데 이름이 '파로퀴아 누에스트로 세뇨라 델 카르멘(Parroquia Nuestra Señora del Carmen)' 이라는 이름을 가지고 있다. 카르멘 교구의 성모 교회라는 의미이다.

식사 후에 카제 레알 야경을 감상하며 9시경에 호텔로 돌아왔다. 돌아오는 길에 기념품가게에 들러 내일을 위해 초코렛을 샀다. 내일은 '바제 델 코코라(Valle del Cocora)'를 여행한다.

코코라 계곡

(Valle del Cocora)

호텔에서 준비해준 아침식사를 서둘러 마치고 '바제 델 코코라(Valle de Cocora)로 출발하는 지프를 타기위해 볼리바르 광장으로 나왔다. 모든 여행의 출발이 볼리바르 광장에서 이루어지고, 지프를 타고 이동한다. 요금은 9,000페소이고 30분정도 걸린다고 한다. 드디어 지프를 타보게 된다. 그리고 콜롬비아 관광에서 빼놓을 수 없는 코코라 계곡을 탐방하게 된다. 마니살레스에서 그리 멀지 않은 거리에 세계적인 관광지가 있어 감사하게도 저렴한 비용으로 여행하게 되는 행운을 누린다. 매표소에서 표를 사고나서 출발시간까지 20분 정도 여유가 있어 주변의 도움을 얻어 지프를 배경으로 사진을 찍었다.

보통 지프에 9명 정도 탈 수 있다고 한다. 그러나 최대로 앞자리에 1명, 지프 뒤 칸에 8명 그리고 4명이 매달려 가는 경우에는 13명까지 갈 수 있다고 한다. 한 20분정도 산길을 계속 오르다 보니 드디어 여기의 아이콘인 키가 큰 '왁스 야자나무(Wax Palm tree)'들이 보이기 시작한다. 그리고 산 비탈에는 소, 양, 그리고 말들을 방목하는 이국적인 경치가 펼쳐진다.

살렌토 매표소

지프

바제 델 코코라 입구

바제 델 코코라에는 3가지 관광포인트(이벤트)가 있는데 모두 유로이다. 우선 가장 가까운 곳을 입장했다. 첫번째 코코라 입장료는 인당 15,000페소이다. 입장하니 전통 복장인 망토를 빌려준다. 입고 기념 촬영하라는 뜻이다. 패러글라이더(Paraglider), 벌룬(balloon), 날개 등의 포즈를 취할 수 있는 이벤트들이 있다. 지프와 달리 사람과 다양한 짐을 실어 나를 수 있는 좀 더 다이나믹한 '윌리 지프차(Willy Jeep)[7]'도 준비되어 있다. 약 한시간 정도 '코코라 이벤트1'를 돌고나서 '코코라 이벤트3'으로 향했다. '이벤트2'은 '이벤트 1'과 인접해 있어 중복되는 느낌이어서 체험을 건너뛰었다.

---

7) 윌리 지프(Willy Jeep)는 2차 세계대전때 미국에서 전쟁 수송용으로 생산되어 이용되었으나 전쟁이후 콜롬비아에서 산악지방, 특히 커피 축 지역에서 사람이나 물자를 수송하기 위해 수입되었다. '커피 축(Eje Cafetero)' 지대의 대부분 산악 소도시의 중앙 광장은 윌리 지프의 주차장이 있어 지역간 교통 수단으로 활용되고 있다.

　　10분이상 계곡을 따라 올라가니 드디어 '왁스야자나무(Wax Palm Tree)[8]'의 아이콘으로 보이는 경치가 펼쳐 진다. 여기서 부터는 해발 고도가 높아지고 운이 좋으면 콘돌(Condor)[9]을 볼 수 있다고 한다. '코코라 이벤트 3' 입장료 20,000페소를 지불하고 입장했다. 이곳은 '이벤트 1'과 달리 자연 그대로를 스스로 체험하는 곳이다. 등산하면서 코코라 계곡 전체를 조망할 수 있고 아이콘인 왁스야자나무를 마음껏 볼 수 있다.

---

8) 왁스 야자나무는 주로 콜롬비아 커피축의 지역에 자라는 야자나무로 최고 70미터까지 자랄 수 있는 지구상 가장 큰 야자나무 종류이다. 특히 콜롬비아 퀸디오 지방에 많이 자란다.

9) 콘돌 또는 콘도르(condor) 안데스 산맥과 캘리포니아에 서식하며 조류 중 가장 큰 크기를 자랑한다. 특히 안데스 콘돌의 경우 날개를 펼친 길이가 3m에 달하며 몸무게가 12kg에 달한다.

30분 정도 숨을 몰아쉬어 가며 산등성이를 올라가면 손 전망대(manos de Cocora Mirador)[10]가 나타난다.

손 전망대를 지나면 계속 오르막 트레킹 길이 정상까지 뻗어 있다. 결국 욕심을 부려 뷰 포인트(View point) 1을 지나 최정상인 뷰 포인터(View point) 2까지 올라갔다. 최정상부인 뷰 포인트 2까지 올라가니 젊은 여성 한 분이 연신 카메라 샷을 누르면서 혼자서 코코라 계곡의 절경을 감상하고 있다. 말을 걸었다. 꽤 영어를 잘한다. 내친김에 사진 몇 장 찍어 줄 것을 부탁했다.

하늘에 갑자기 콘돌 두 마리가 나타났다. 아주 빠른 속도로 지나가 카메라에 담지는 못했지만 어마어마한 크기와 그 그늘을 실감했다. 이런 행운을 만나다니!

내려오는 길의 절경은 비디오카메라로 촬영했다. 다시 손전망대로 내려와 30분을 기다려 기념 촬영을 하고 하산했다. 올라 갈 때는 말인 줄 알았던 목장에 방목하고 있던 동물들이 말, 양 그리고 '알파카(Alpaca)' 인 것이다.

10)   Manos de Cocora Mirador을 코코라 손 전망대로 번역했다.

왁스야자나무와 코코라 계곡

    이제 바제 델 코코라의 마지막 탐방지인 코코라 생태 계곡으로 향했다. 일부 사람들이 말을 이용하는 것을 보고 약간의 욕심이 났다. 마방에서 마부와 말을 임대해서 오랜 만에 말 등에 올라탔다. 처음 승마를 배우고 나서 6년만에 타는 것이다. 생각보다 말의 체구가 커서 처음에는 조금 긴장했지만 이내 안정을 찾았다. 말을 타고 약 10분정도 산길을 따라 올라가니 웅장한 소리와 함께 계곡물이 나타난다. 계속 여기저기에 사람들이 모여서 땀을 식히고 있다.

마부의 안내에 따라 말에서 내려 계곡물에 손을 담갔다. 물은 매우 맑고 차가웠다. 이렇게 해서 바제 델 코코라의 탐방을 인상깊게 마친다.

시간적으로 여유가 있으면 계곡을 따라 트레킹도 할 수 있다. 그러나 트레킹을 하기에는 이미 늦은 시간이 되어버려 아쉽지만 바제 데 코코라 탐방은 여기서 끝내기로 했다.

6

색채의 끝판 왕 필란디아
(Filandia)

살렌토 호텔에서 3일째이다. 이번 커피 축 여행의 마지막 일정인 필란디아를 탐방하는 일정이다. 그런데 밤새 비가 내리더니 아침 8시가 되어도 멈추지 않는다. 어젯밤 저녁식사 하러 간 김에 볼리바르 광장에서 필란디아 행 지프를 예매하였었는데 비가 너무 내려 예정된 시간에 탈수 없을 것 같다. 일단 비가 오는 와중에 우비를 챙겨 입고 볼리바르 광장으로 나갔다. 어제 예매한 시간은 아침 8시였는데 이미 지나갔다. 매표소에 사정이야기를 했는데 막무가내다. 출발시간이 지났기 때문에 다시 표를 사야 한다는 것이다. 악천후에 대한 예외는 없는 모양이다. 그리고 지프도 별로 남아 있지 않는 상황이라 자칫하면 필란디아를 구경 못하고 여행을 끝내야 할 판이다. 그런데 주위에 몇몇 젊은이들도 나와 비슷한 처지인 모양이다. 결국 그들과 합해서 새로 지프차를 예매하기로 했다 물론 비용은 추가로 들긴 했어도 여기까지 와서 필란디아를 여행하지 않는 다는 것은 있을 수 없는 것이다. 가끔은 미리 준비하는 것이 오히려 독이 되는 경우도 있는 것 같다 이번이 그런 경우다. 예정보다 거의 두시간 늦게 10시에 필란디아로 향했다. 필란디아는 판-아메리카나(Pan-Ameriana) 고속도로 반대편에 있다. 이번에는 지프 앞좌석에 앉았다. 길에 주변 경치 감상도 좋은 가는 길이 계속 평지이고 도로 사정도 나쁘지 않다. 대략 40분정도 걸려 핀란디아에 도착했다. 다른 소도시와 마찬가지로 사각형 광장과 교회 행정청사 그리고 상범들로 구성된 광장에 내렸다. 필란디아는 살렌토 보다 더 작은 마을이다.

지프 앞좌석

필란디아 중앙광장

아직도 비는 계속 내린다. 빗줄기가 조금은 잦아들어 시내를 구경하는 데는 큰 문제는 없는 것 같다. 필란디아는 인구 2만 명도 채 안 되는 소도시이다. 보통 대부분 도시의 중심을 볼리바르 광장(Bolivar plaza)라고 하는데 이 도시는 볼리바르 공원(Parque Bolivar)라고 한다. 이 도시는 현재의 규모에 비해 역사가 오래된 도시이다. 과거 아메리카 원주민들의 역사에서도 중요한 도시였다고 한다. 전체적으로 도시는 스페인 식민지 시절에 계획되어 도시의 대부분 도로가 사각형이다. 비록 언덕지대에 도시가 위치하고 있으나 구획정리는 잘 되어 있다. 볼리바르 공원 주위에 교회(Parroquia Inmaculada Concepción de Filandia)와 행정청사, 그리고 레스토랑과 상점들이 들어서 있다. 살렌토 보다 작은 도시여서 한 블록만 지나가면 일반 가정집들이다. 살렌토의 채색과 비교하면 더 밝고 어쩌면 더 정성 들여 섬세하게 채색을 한 느낌이 든다. 하루 아침에 만들어진 도시들이 아님에도 불구하고 매우 엄격한 기준으로 높은 수준을 유지하고 있어 도시 관리자들이 존경스럽기까지 한다.

여전히 비는 내리지만 필란디아의 파스텔톤 채색 건물을 구경하다 보니 눈의 피로가 가시고 마음도 정화되는 것 같다. 배고픈 것도 잊고 건물구경을 한다. 기념품 가게와 식당이 같이 있는 전통 건물에서 점심을 먹었다. 비교적 큰 도시에는 쇼핑 몰이 있어 대부분 거기에 '푸드 코트(food court)'가 있는데 필란디아에는 기념품 점과 '푸트 코트'가 같이 있다. 간단하게 식사를 마치고 필란디아의 랜드마크 중 하나인 '미라도르 데 필란디아(Mirador de Filandia)'를 향해 발걸음을 옮겼다. 시내에서는 2km정도 되는 거리라 지도상 별로 멀지 않은 것 같아 걸어가기로 했다. 30분 정도 걸려 입구에 도착했다. 입장료가 2,000페소이다. 입구에서 필란디아 전망대가 보이고 입구 우측에는 커피잔을 두손으로 들고 있는 상징물도 있다. 보행로 바닥에 투어코스를 매우 자세하게 화살표로 안내하고 있다. 걸어가면 전망대까지 거의 30분 정도 걸인다. 중간에 포토존이 있어 전망대를 배경으로 사진을 찍었다. 안개가 몰려온다. 주변 전망이 안개에 가려 거의 분간하기가 쉽지 않다. 드디어 전망대에 도착했다. 그런데 수리 중이라 전망대에 올라갈 수는 없다. 전망대를 배경으로 사진 한 컷으로 아쉬움을 달래야 했다. 정상에서 잠깐 휴식 후 내려왔다. 돌아오는 길은 지프를 이용했다. 가까운 거리라 2,000페소를 받는다. 비가 다시 내리기 시작한다. 다른 랜드마크는 더 이상 방문하기가 곤란한 상황이 되었다. 필란디아 방문은 여러가지로 아쉬움이 남는다. 그러나 짧은 시간동안 색채의 마술로 인해 제대로 힐링하고 가는 것 같다.

　　지프 출발 시간까지는 30분 정도 여유가 있다. 볼리바르 공원 주위에 사진을 몇 장 더 찍었다. 다시 비가 좀 많이 내린다. 4시 반쯤 필란디아를 떠난다.

⑦

Eje Cafetero 핵심지역 여행을 마치며

　지프를 타고 다시 살렌토로 돌아와서 호텔에 보관했던 짐을 찾아 페레이라 행 버스를 탔다. 이렇게 1차 커피 축 여행을 마친다. 보통 커피 축 여행은 아르메니아의 부에노비스타에서 익스트림 액티브티를 포함하는 일정인데 부에나비스타는 커피 농장 체험과 함께 다음 기회로 미루기로 한다. 커피 축 여행은 마니살레스에서 비교적 가까운 거리에 있어 마음만 먹으면 1박2일 일정으로 다양한 경험을 할 수 있을 것 같다.

Colombia 기행 시리즈
콜롬비아의 보물 'Eje Cafetero(커피 축)'

글	김종태
발행인	문상희
기획/편집	윤아영
디자인	오은정

펴낸곳	민달팽이 사회적협동조합
주소	인천시 남동구 만수서로37번길 55 하영빌딩
전화	032-473-1133 / 032-472-0123
팩스	032-472-0021
등록	제353-2019-000019호

ISBN   979-11-93352-32-8

*이 출판물은 저작권법에 의해 보호를 받는 저작물이므로 무단 전재와 무단 복재를 할 수 없습니다.

*저자와의 협약 아래 인자는 생략되었습니다.